영어 스토리텔링과 미래교육

4차 산업혁명 시대 미래세대를 위한 교육서

강혜경 지음

KM 경문사

들어가며

이 책은 인공지능·빅데이터·클라우드의 융합 및 데이터과학이 이끄는 지능 정보화시대를 맞아 미래인재를 키우기 위한 교육 방법론을 제시하고 그에 대한 대안으로서 교사의 자질에 관해 탐색한다. 교육부에서 정한 AI 시대 교육정책의 3대 방향은 다음과 같다(영상 '인공지능 시대 교육정책의 방향', https://www.youtube.com/watch?v=jAWDe8t6EVA).

> 첫째, 감성적 창조 인재 육성
>
> 둘째, 초개인화 학습 환경 조성
>
> 셋째, 따뜻한 지능화 정책 추구

이 책에서는 교육부에서 제정하고 있는 인재상에 초점을 맞추어 "감성적 창조 인재"란 무엇을 의미하는지를 알아보는 데 집중하였다. 우선, 미래시대를 이끌어갈 인재에 대한 정의를 내리고, 이러한 인재를 육성해나가기 위한 효과적인 방법론이 무엇인지 고찰하며, 그 예로 '스토리텔링'을 활용한 학습방법론을 제시한다. 또한 이러한 방법론을 교실 현장에서 효과적으로 실행하는 방안을 탐색하고, 수업을 이끄는 교사의 역량 및 자질, 그리고 4차 산업혁명 시대를 대비하여 글로벌 인재를 키우기 위해 요구되는 '미래 교사'의 역량과 자질에 대해 구체적으로 제시해보고자 한다.

결론적으로 '기본에 충실하라(Back to Basics)'는 교육철학을 바탕으로 영화 《흐르는 강물처럼(A River Runs Through It, 1992)》에서 아버지가 두 아들에게 행하는 훈육 사례, 영국의 유치원과 초등학교 교육 사례, 그리고 연상기법을 활용한 구앵의 시리즈 교수법(Gouin, 1880)을 비교 분석하고자 한다. 또한 교육 방법론으로 '재미'와 '참여'와 '공감'을 끌어내는 민담(folktale)을 활용한 스토리텔링(말하기) 교육의 중요성을 강조하며(MacDonald, 2021), 스토리텔링 학습법이야말로 감성을 지닌 창조 인재를 양성하기 위해 효과적인 학습법임을 밝히고자 한다.

인재를 키우기 위해서는 다음과 같은 교육이 필요함을 강조한다.

> 첫째, 학습에 대한 강한 동기부여를 받고 학습자가 주도적으로 관심과 흥미를 갖고 문제를 찾는다(학습자 중심 교육).

둘째, 동료 학생들과 의견을 주고받을 수 있는 토론 능력을 키운다(의사소통 능력, 협업지능).

셋째, 객관적인 사실에 근거하여 문제를 해결하며(문제해결 능력) 독창적인 사고를 할 수 있는 능력을 키운다(창의적인 사고 능력).

넷째, 자기의 생각을 논리적으로 정리하여 표현해낼 수 있는 능력을 키운다.

이 책에서 한 개인의 능력이 '교육'이라는 과정을 통해 어떻게 변화할 수 있는지, 어디까지 확장될 수 있는지, 이러한 능력이 주변 환경과 미래 세계에 어떤 영향력을 끼칠 수 있는지에 대해 집중적으로 논한다. 또한 미래인재를 키우기 위해서 교사가 갖추어야 할 덕목과 준비사항을 제시한다.

4차 산업혁명 시대를 맞아 글로벌 무대에서 활약할 인재를 길러내기 위해 미래교육이 나아갈 방향은 무엇인가? 어떻게 가르칠 것인가? 미래교육을 책임질 교사는 어떤 자질을 갖추어야 하는가?에 대한 연구 질문을 중심으로 스토리텔링 교육 워크숍에 참여한 멘토들의 이야기와 퍼포먼스, 참여자들의 반응을 비교 분석하여, 스토리텔링 교육이 4차 산업혁명 시대가 요구하는 감성지능과 협업지능, 그리고 학업에 대한 흥미와 성취도를 높이는 데 효과적인 교수법임을 밝히고자 한다.

2022년 겨울

강혜경

차례

01 미래인재의 역량

"저는 천재가 아닙니다. 다만 호기심이 많을 뿐입니다.
저는 질문을 많이 하는데 답이 단순할 때 신이 응답하십니다."

– 알버트 아인슈타인

"I am not a genius, I am just curious. I ask many questions,
and when the answer is simple, then God is answering."

– Albert Einstein

우선 인재는 어떤 자질을 갖추어야 하는지에 대해 정의해보고, 이러한 인재를 키우기 위한 교육은 어떻게 이루어져야 하는지를 사례를 통해 살펴보겠다.

인재(人材)

미래시대를 이끌어갈 인재가 갖추어야 할 중요한 자질은 무엇인가? 이 책에서 언급하는 '인재'는 선천적으로 IQ가 높은 유전자를 물려받은 소위 '천재' 또는 '영재'를 의미하지 않는다. 여기서 정의하는 '인재'는 사유의 힘(창의력)과 판단 능력(분석력과 논리력)과 그것을 표현해내는 능력(문해력과 구사력) 그리고 유머와 공감 능력을 갖춘 개인을 의미한다. 이것은 물론 타고난 우성 유전자를 우선하기보다는 태어난 후 주변 사회 환경과 어우러져 본인과 주변인의 노력으로 형성해가는 후천적 능력을 의미한다. 한 개인의 '변화'를 추구하는 것이 바로 교육의 목표이기 때문이다. 한 개인의 타고난 능력을 교육의 힘으로 얼만큼의 최대치로 확장해나갈 수 있는지를 알아보고자 한다. 더 나아가 여기서 정의를 내리는 인재란 자신의 주변과 세상에 선한 영향력을 행사하는 인성을 갖춘 사람을 의미한다.

정리하면, 미래인재란 사유의 힘(창의력)과 판단력(분석력 및 논리력), 문해력과 구사력(표현 능력), 유머와 공감 능력 그리고 인성(협업지능)을 두루 갖춘 개인을 의미한다.

사유의 힘

'사유의 힘'이란 알고자 하는 사물이나 이치에 대한 호기심, 이전의 경험과 지식을 바탕으로 알고 싶은 것에 열정을 갖고 부지런히 생각하고 움직이는 힘(상상력 및 추론 능력), 필요한 정보와 불필요한 정보를 가려내고 판단할 수 있는 비판적인 사고, 일목요연하게 그룹화(clustering)하는 능력(판단력)을 포함한다. '나'의 삶과 생각을 풍요롭게 만들려고 하는 의지와 사유의 힘은 읽기와 쓰기의 꾸준한 연습을 통해 기를 수 있다. 예를 들면, 영화 《흐르는 강물처럼(A River Runs Through It, 1992)》[1]에서 아버지가 두 아들에게 행하는 훈육(텍스트를 읽고 요점을 정리해서 요약하기)은 교육의 본질에 대한 시사점을 남긴다.

영화 《흐르는 강물처럼》 속 아버지는 두 아들에게 오전 시간은 읽기와 쓰기에 집중하게 한다. 주어진 텍스트를 읽고 나서 요약하는 연습을 꾸준히 시킨다. 홈스쿨링이다. 만족스러운 결과가 나올 때까지 계속 다시 쓰게 한다. 마침내 아버지가 만족하면 그 이후 시간은 자유다. 두 아이는 몬태나(Montana) 강으로 달려가 아버지와 함께 낚시도 하며 자연과 하나가 되어서 해 질 녘까지 뛰어논다. 이상적인 교육과 취미가 최적화된 유년기 생활이다. 오전에는 집중적인 읽기와 쓰기를 통해 문해력뿐 아니라 규칙과 인내를 배우고 사유의 힘을 형성해간다. 오전에 집중한 보상으로 오후에는 자연 속에서 자기가 하고 싶은 것을 할 수 있는 자유가 주어진다. 이런 놀이를 통해 아이들은 시행착오를 거치며 세상의 이치를 터득해 간다. 영화 속 아버지의 훈육이 '기본에 충실하라'는 원칙을 잘 보여준다.

논리적 사고의 힘

'요약하기(summarizing)'는 주된 생각을 정하고 그 생각을 뒷받침하는 주요 세부 사항들을 통합하는 것을 배우도록 돕는 방식이다. 이를 통해 학생들은 메모하고 기억할 가치가 있는 텍스트의 핵심 단어와 구문에 집중할 수 있다. 요약하기는 학생들에게 텍스트에서 가장 중요한 아이디어를 찾아내는 방법, 관련 없는 정보를 무시하는 방법, 그리고 핵심 아이디어를 중심으로 통합하는 방법을 가르친다. 또한 학생들에게 요약하는 법을 가르침으로써 읽은 내용에 대한 기억력을 향상하도록 유도한다. 이런 전략은 거의 모든 학습과 콘텐츠 영역에서 활용할 수 있다.

이처럼 반복된 훈련을 통해 학생들은 필요한 지식을 스스로 찾아내는 능력(검색 및 타인의 의견 경청 과정을 통한 판단 능력)을 갖추게 된다. 하나의 기술은 끝없는 반복을 통해서만 진정한 자신의 것으로 된다. 요즘은 SNS를 통해 방대한 정보를 접하고 자료를 수집할 수 있다. SKIM(전체적인 의미를 파악하며 빨리 훑어 읽기)과 SCAN(세부 정보를 찾기 위해 자세히 읽기) 능력 훈련을 통해 필요 없는 정보는 과감히 흘려보내고, 필요한 정보만 찾아내는 능력을 키울 수 있다. 속독과 숙독의 차이를 유감없이 발휘하는 능력이 필요하다. 그리고 찾아낸 문제 또는 정보를 직접 적용해서 해결해 보려는 주도적인 문제해결 능력을 갖추어야 한다. 마찬가지로 기반이 되는 필요 지식도 자기 주도적 태도로 습득되어야 한다. 예를 들면, 수학의 경우 확률 개념에 대한 이해,[2] 인공지능의 경우 스토리텔링을 통한 기계학습/머신러닝(Machine Learning)이 작동하는 원리[3,4], 영어의 경우 기본적인 문장구조와 패턴, 어휘, 관용구 등에 대한 맥락 중심의 학습을 들 수 있다.[5]

인간은 인간답게, 기계는 기계답게 발전하면서 인간과 기계가 친구가 되어 협업을 통해 결과물을 만들어내는 능력을 갖추는 것이 미래 사회를 준비하는 길이다. 결론적으로 우리는 수학으로 생각하고 공부하는 인공지능과 협력하여 노동시간으로부터 자유로워질 수 있다.

문해력과 구사력

마지막으로 자기 생각을 묘사하고 설명하여 타인을 설득시키는 능력, 즉 논리적 사고와 발화 능력이 필요하다. 학습 동료와 그룹 구성원들과 전체 학생들을 대상으로 자기 생각을 표현하는 방법과 프레젠테이션 법을 터득해야 한다. 예를 들면, 영국 초등학교의 '매트 타임(Mat Time)'을 들 수 있다. 영국 초등학교 교실에서 흔히 볼 수 있듯이 교사와 학생 간에 턱을 두는 교단이 없다. 선생님은 아이들 눈높이에 맞는 나지막한 의자에 앉고 그 앞에 깔린 매트에 아이들이 옹기종기 모여 앉게 한다. 이렇게 하면 거리감이 사라지고 친밀감이 형성된다. 선생님과 아이들은 아주 가까이서 눈과 눈을 맞추며 이야기를 주고받는다. 교사는 이 시간을 수업 시작 전 준비시간으로 이용해 그 시간 아이들이 행할 미션을 설명하기도 하고, 그룹 활동이 끝난 후 다시 매트로 모여 앉게 하여 각자의 의견과 결과를 들으며 수업을 정리하는 시간으로 활용하기도 한다. 아이들은 이 시간을 통해 소규모 그룹에서 자기 생각을 말하는 연습을 한다. 매트 타임에서 연습한 학생들은 그룹으로 돌아가 이야기하고, 그 이야기를 다시 반 전체 학생들을 대상으로 발표한다. 발표가 준비된 아이들은 주 1회든 월 1회든 학교 대강당에서 전체 학생들이 모인 자리에서 발표하게 된다. 영국에서는 초등학교 1학년을 시작하기 전에 보통 4살부터 1년 반에서 2년 정도 준비반에 들어가 학교생활을 원만하게 시작할 수 있도록 배려한다. 이때 아이들은 놀이를 통해 사회성을 기르고, 선생님과 매트 타임 동안 대화를 나누며 자기 생각을 이야기하고, 다수 앞에서 자기 생각을 말하는 연습을 한다. 이런 준비과정을 거쳐 초등학교 1학년에 입학하게 된다. 중요한 점은 이러한 교육이 공교육으로 이루어지고 있다는 것이다.

어렸을 적 아이들에게 필요한 교육은 선행학습이나 지식 축적이 아니라 평생 지속되는 습관과 태도를 키우는 것이다. 공동체 생활을 통해 타인에게 폐를 끼치지 않는 행동양식을 배우고, 사회성을 키우며, 생각하는 힘을 키울 수 있는 독서와 읽은 내용을 요약하여 말하는 연습이 바로 초등교육 단계에서 몸에 배어야 한다. 영국 초등학교에서 부모에게 당부하는 두 가지 주요 사항은 '출석(attendance)'과 '시간 엄수(punctuality)'이다. 엄격한 출석은 성실성과 책임감을 고양하기 위한 것이고, 시간 엄수는 타인에게 방해를 주어서는 안 되기 때문이다.[6] 교육을 통해 평생 근본이 될 수 있는 한 개인의 습관과 태도가 키워지는 것이다.

02 미래교육의 방향

"가르침의 기술은 발견을 돕는 기술이다."

– 마크 반 도렌

"The art of teaching is the art of assisting discovery."

– Mark Van Doren

그렇다면 앞에서 살펴본 미래인재의 자질을 갖추기 위해서 교육은 어떻게 이루어져야 하는가? 어떤 교육과정이 필요하고 어떠한 절차를 거쳐야 하는가? 구체적인 대안을 읽기와 스토리텔링에서 찾아보고자 한다.

기본적인 자질과 학습 습관 키우기

유치원과 초등과정에서는 지식의 습득과 축적보다는 모든 학문의 근간이 되는 기본적인 자질과 학습 습관을 키워주는 것이 필요하다. 기본적인 자질을 키우기 위해서는 아이들의 눈높이에 맞는 책을 골라 읽을 수 있는 환경을 제공하는 것이 필요하다. 집에서든 학교에서든 아이들이 쉽게 다가갈 수 있는 자리에 아이들의 수준에 맞는 여러 권의 책을 준비해놓고 언제든 아이들이 읽고 싶은 책을 고를 수 있도록 해주어야 한다. 부모나 교사가 골라주는 책이 아니라 아이가 직접 고르게 하는 것이 중요하다. 책 읽기 습관을 통해 아이들은 지적 능력과 사유의 힘을 키워나간다. 읽기, 생각하기, 말과 글로 표현하기의 과정을 통해 문해력이 향상될 것이다.

실례로 영국의 초등학교에선 하루 수업이 끝나고 집에 갈 때 교실 한구석에 비치된 서가에서 읽고 싶은 책을 한 권씩 빌려 가는 것이 그날의 숙제이다. 각 학년의 교실에 비치된 책들은 그 나이에 읽을 만한 권장 도서들로 채워져 있다. 아이들은 방과 후 빌려 온 책을 읽고 부모나 보호자의 완독 승인 서명을 받아 다음 날 학교에 반납한다. 그리고 또 다른 책을 빌려 간다. 이렇게 매일 1권씩 책을 읽는 것이 유일한 숙제이다. 책 한

권만 읽고 나면 집 정원이나 동네 공원에 가서 자유롭게 뛰어놀 수 있다. 이런 식으로 모든 아이가 일주일에 다섯 권의 책을 읽고, 한 달이면 스무 권을 읽게 된다. 이렇게 초등 6년을 보낸다. 졸업할 때는 방대한 독서량에 이른다. 이처럼 영국 초등교육의 기본은 책 읽기는 물론 한 개인의 습관을 형성하는 데 초점을 맞추고 있다. 서두르지 않고 한 번에 하나씩 꾸준히 행하는 이런 실용주의 교육이야말로 우리가 배워야 할 방법론이라고 생각한다. 거창한 방법론이 아닌 단순한 기본기가 필요하다. 초등학교 시절 매일 한 권의 책을 읽는 행동은 아이의 좋은 습관이 되어 평생 갈 것이다. 또한 독서를 통해 얻은 지식과 문해력은 이후 중등 과정과 고등과정에서 접하게 되는 교과목들을 이해하고 소화해내는 데도 든든한 자양분이 된다.

어떤 기술이든 장인(匠人)이 되려면 반복적인 연습 과정이 필요하다. 피아니스트가 수없이 많은 반복을 통해 건반을 두드리며 하나의 곡을 마스터하는 것처럼 인내심을 갖고 꾸준히 한 가지 기술이 익숙해질 때까지 연습이 필요하다. 이런 훈련을 통해 기본이 단단하게 잡혀 있으면, 그다음 단계는 어떤 학문이든, 어떤 활동이든 손쉽게 대처할 수 있게 된다. 영국 초등학교에서 6년 동안 매일 책 한 권씩 읽는 것도 반복 연습 과정이다. 단지 책의 내용만 달라질 뿐이다.

스토리텔링을 활용한 말하기 교육 강화

스토리텔링을 활용한 교육의 예를 들어 미래교육의 방향성을 논하기 전에 우선 스토리텔링이 무엇인지에 대해 알아보자. 미국 아동작가이자 스토리텔러인 마거릿 리드 맥도널드(Margaret Read MacDonald) 박사는 스토리텔링을 다음과 같이 정의한다.

> 스토리텔링은 화자의 마음으로부터의 이야기를 청자의 마음으로 전달하는 행위이다. 중간에 책을 보거나, 다른 것을 기웃거리거나, 아무것도 끼어들어선 안 된다. 내 마음속 이야기를 듣고 있는 사람에게 온전히 전달해주는 행위이다. 스토리텔링은 서로의 마음에서 나오는 것이다.
>
> – 마거릿 리드 맥도널드(2021)

> Storytelling is ensuring a story from your heart to the heart of your listener. There is nothing in the way, a story in you and you pass it over thoroughly looking at your audience. It comes from mutual hearts.
>
> – M. R. MacDonald(2021)[7]

이것은 바로 감정(emotion)과 정서(affective)의 문제이다. 화자는 자신의 이야기를 청자에게 전달하고 공감하기 위해 상대방의 마음을 읽어야 한다. 서로의 목소리, 억양, 표정, 몸동작 등의 변화를 주시해야 한다. 화자와 청자 간의 협업을 통해 이야기에 몰입하는 것이다. 스토리텔링은 화자와 청자가 함께하는 활동이기 때문이다. 스토리텔링은 개인의 표현력을 길러줄 뿐만 아니라 교육의 궁극적인 목표인 상대방을 배려하는 마음(인성)과 협업 정신을 키워준다.

> 훌륭한 이야기꾼은 그 순간 전달하는 이야기 자체에 집중하고 자신의 이야기를 듣고 있는 청자에게 집중한다. 아주 단순한 이야기를 선택하는 것이 좋고, 그 이야기를 아주 잘 아는 것처럼 소화하여 익숙하게 이야기해야 한다. 그리고 그 이야기를 계속 반복해서 서로 다른 청자에게 일관성 있게 들려주어야 한다. 그렇게 한 이야기를 가지고 계속 반복 연습을 해야 한다.
>
> – 마거릿 리드 맥도널드(2021)

> A real good storyteller is a teller who really cares about the story and care about the audience. Select a very simple story, and tell it like you really know well. Keep telling it over and

over. Find out a good story you love, tell the story to different audiences, and come back to the same audience and tell it again.

– M. R. MacDonald(2021).

스토리텔러의 대가인 맥도널드 박사는 진정한 이야기꾼이 되기 위해선 반복을 통해서 자기만의 이야기를 만들어가야 한다는 점을 강조하고 있다. 어느 분야에서든 전문가가 되기 위해서는 끊임없이 반복 연습이 필요하다.

미국 스토리텔링 공연 예술가이며 하와이 대학의 스토리텔링 교육 강사인 제프 기어(Jeff Gere)는 스토리텔링 워크숍[8]에 참석한 참가자들이 직접 액션 스토리텔링을 체험하게끔 한다. 그는 몸과 표정, 의성어로 이야기를 전달하며 참가자들이 직접 참여하는 퍼포먼스 중심의 강연을 한다. 참가자는 퍼포먼스를 지켜보는 수동적인 관객이 아니라 제프 기어의 표정과 제스처에 호응하며, 소리와 동작을 따라 한다. 모두 함께 참여하는 공연을 한다. 이렇게 그는 재미와 참여를 강조한다.

맥도널드 박사도 제2외국어를 가르치는 교실 현장에서 스토리텔링을 하나의 교수법으로 사용하는 이유는 이야기가 재미있기 때문이라고 강조한다.

> 제2외국어를 가르칠 때 이야기를 사용하는 가장 중요한 이유는 이야기가 재미있기 때문이다. 신난다. 어린이와 청소년뿐 아니라 성인도 즐겁게 참여할 수 있다. 그들은 이야기를 통해 배우는 것을 즐긴다.
>
> – 마거릿 리드 맥도널드(2021)

> The most important thing to use a story in teaching the 2nd language is because story is playful. It's fun, It's just fun, and children, teenagers, and adults can help having fun doing it. They enjoy learning through the story.
>
> – M. R. MacDonald(2021).

언어학습과 교육방식이 전통적인 문법 중심에서 의사소통 중심으로 변화 발전하고 있다. 제2외국어로서 영어를 익히는 학습자들은 영어의 네 가지 스킬, 즉 읽기, 듣기, 말하기, 쓰기 능력을 골고루 습득하여야 한다. 우리나라 학생들이 가장 어려워하는 말하기 능력은 스토리텔링 교육을 통해 향상될 수 있다. 비즈니스 현장에서도 교육방식의 변화와 의사소통의 중요성이 부각되면서 문법과 어휘 중심에서 회화 중심으로 변하고 있다.[9] 어린 학습자들은 성인 학습자와 달리 두려움과 창피함 없이 언어를 습득할 수 있는 장점이 있다. 어린 아이들을 대상으로 하는 제2언어 교육현장에서의 스토리텔링의 활용이 주목받을 수 있는 이유다.

영국의 교육자이자 스토리텔러인 매튜 제임스 프라이데이(Matthew James Friday)도 제2언어 교육현장에서 스토리텔링의 역할을 강조한다.[10] 영어를 제2언어로 배우는 학습 현장에서의 "이야기(서사)의 힘"을 강조하며, 본인의 경험과 사례를 통해 "이야기를 재미있게 공유함으로써 학습자가 영어를 더 쉽게 배울 수 있음"을 보여준다.

> 서사의 힘, 재미, 공유를 통해 영어 학습자들을 참여시킬 때 언어습득의 형식적인 요소들이 더 쉽게 따라올 것이다.
>
> – 매튜 제임스 프라이데이(2020)

> When you engage your English–language learners through the power, fun, and sharing of narrative, the formal elements of language acquisition will follow more easily.
>
> – M. J. Friday(2020).

참고로 제4회 국제스토리텔링 온라인 워크숍[11]에 참여한 60여 명의 학습자 중 몇 명의 후기를 살펴보자.[12]

오 * * (여, 군인)

"어린 시절 어머니께서 사주신 이야기 테이프를 듣고 또 듣고 했던 기억을 회상하며, 스토리텔링이 미래의 나의 학생들에게 얼마나 중요한 것인지를 체감할 수 있는 시간이었다."

원 * * (남, 회사원)

"스토리텔링은 정성이다!라고 말하고 싶다. 세상에는 정성을 다해서 안 되는 일이 없다. 만약 안 되는 일이 있다면 정성이 부족한 것일 것이다."

송 * * (남, IT 개발자)

"스토리텔링은 많은 영감과 내가 인간임을 일깨워 줄 중요한 요소임이 분명하다. 현실과 가장 가까운 가상의 세계를 만드는 게 꿈인 나에게 상상력과 많은 가능성을 보여준 이번 비대면 스토리텔링 워크숍은 너무나 고마운 기회였다."

임 * * (여, 주부, 육아)

"스토리텔링이라고 했을 때 내가 떠올린 이미지는 도서관에서 선생님이 아이들에게 이야기를 들려주는 모습이었다. 그런데 줌 강연을 보면서 스토리텔링이 생각보다 훨씬 전문적이고 스케일이 크다는 것을 알았다. 다양한 방식으로 여러 분야와 연결이 가능하겠다는 생각을 했다. Jeff Gere 님이 "잘하지 못하는 것은 괜찮다. 시도하지 않는 것은 나쁘다."라고 하셨을 때는 뜨끔했고, 스토리텔링에 대해 좀 더 깊게 알고 싶어졌다."

김 * * (여, 대학교 행정직원)

"사람의 마음을 전달하고 그 전달하는 과정으로 서로 공감하고 이해하며 재밌게 이야기를 풀어나가는 모습을 보고 진짜 스토리텔링의 진가를 알게 되었다."

지 * * (남, 대학원 재학생)

"밝은 마음을 가질 수 있었다. 어린아이들과 함께 밝은 모습으로 함께할 수 있음에 감명 깊었다."

조 * * (여, 대학원 재학생)

"너무나 즐겁게 참여하는 아이들과 엄마들의 스토리텔링이 인상적이었다."

안 * * (남, 직장인)

"다양한 삶의 현장을 엿볼 수 있었다. 한 가지 강한 인상을 받았던 것은 "Good stories are foods for soul."이란 문구였다. 어릴 적 외갓집 외숙모님이나 어머니를 통해 들었던 이야기들이 떠올랐고 스토리텔링의 가치에 대해서 깊이 공감할 수 있는 시간이었다."

이 * * (여, 영어 교사)

"어릴 적 침대에서 아버지가 들려주던 스토리텔링을 그리워하는 로즈메리 소메이어(국제스토리텔러, 아동교육가)의 인터뷰가 인상적이었다. 자녀들이 장성해서 손주, 손녀들에게 나의 이야기를 들려주어야겠다는 생각도 들었다."

김 * * (남, 퇴직 후 평생교육 학습자)

"따스한 어머님의 품속 같은 느낌을 받았고요. 저 어릴 적 할머님이 어렴풋이 떠 올라서 푸근했어요."

이 * * (여, 영어 교사)

"스토리텔러로서 중요한 마음가짐과 방법들, 스토리텔러로서 시작할 방법들, 그리고 스토리에 집중하고 표현하고 어떤 스토리를 설정해야 하는지도 배울 수 있었다."

이 * * (여, 주부, 육아)

"스토리텔링이란? 너무 거창한 것이 아니라 짧고 재미있으며 흥미를 돋을 수 있는 약간에 액션이 필요하다는 것과 꼭 어린이집 선생님이 아니어도 딸, 아들 또는 손주, 손녀에게 이야기해 줄 수 있다는 것을 배운 소중한 시간이었다."

정 * * (남, 공무원)

"어린아이들이 영어로 이야기하는 것을 들으면서 많은 생각과 감동을 받았다. 오늘 오후 워크숍은 정말 함께 하는 즐거운 시간이었다."

참가자들의 후기에도 쓰였듯 성인 어른도 스토리텔링 워크숍에 재미있게 참여하고 있다. 대부분 스토리텔링에 관한 생각을 어린 시절, 어머니, 정겨움, 할머니, 재미, 정성, 따뜻함과 같은 감성적인 단어들로 표현하고 있다. 전문 스토리텔러인 마거릿 리드 맥도널드, 제프 기어, 매튜 제임스 프라이데이가 공통으로 강조하듯, 이야기는 기본적으로 재미있기 때문에 어린이와 청소년뿐 아니라 성인도 즐겁게 참여할 수 있다.

03 방법론 사례

"교사의 영향력은 교실을 넘어 미래까지 확장된다."

– 프란시스코 시오닐 호세

"The influence of teachers extends beyond the classroom, well into the future."

– F. Sionil Jose

스토리텔링 기법을 활용해서 인공지능(AI) 기술을 쉽고 재미있게 배울 수 있는 학습법을 제시한 연구도 있다.[13,14]

AI+ST 학습법

최근 인공지능(AI: artificial intelligence) 기술을 배우는 데 스토리텔링(ST: storytelling) 기법을 도입하여 비전공자들도 AI 기법을 쉽게 배울 수 있는 연구가 진행되었다. 예를 들면, 여현덕·강혜경(2020b)은 AI+ST 학습법을 제시한다. AI+ST 학습법의 주된 특징은 동기유발 학습방법론과 이를 위한 콘텐츠 구성에 강점이 있다. 첫째, 스토리텔링 방식의 학습 프레임 속에서 주인공을 갈등 상황에 데리고 가서 악당의 존재와 마주치게 하고, 이 상황을 해결하고 말겠다는 동기부여와 의지를 강화하여 스스로 문제해결 의욕을 불러일으킨다는 점이다. 둘째, 이 같은 스토리텔링 학습을 전개하는 과정에서 고도로 추상화된 알고리즘을 감성, 행동, 구상으로 프레임을 전환시킨다는 점이다. 즉, 감성(오감)을 통해 행동으로 전환하고, 고도의 추상화 알고리즘을 구상화된 모습으로 전환하여 쉽고 피부에 와 닿는 프레임을 제공한다는 점이다. 이런 역발상의 프레임 전환 방식은 복잡한 추상개념을 이해하기 쉽게 돕고, 그 개념을 산업 현장이나 실제 생활에 적용할 수 있도록 응용력을 길러준다(여현덕·강혜경, 2020a). AI+ST 학습법은 학생들이 학습에 흥미를 갖고 쉽게 접근할 수 있도록 AI 기법에 스토리텔링 기법을 도입한 학습법인 것이다.

AI+STL: AI 스토리텔링 학습법

1. 안타고니즘(antagonism)에 기초하여 스토리를 선정하여 위기와 긴장감을 더한다.
2. 위기의 순간에 주인공을 구하고자 하는 심리(강렬한 동기부여)에 문제해결학습법(PSL)을 도입한다.
3. 학생들은 자발적으로 문제를 진단하고 해결하기 위해 AI 기법을 적용하고 구현해본다.
4. AI와 감성의 결합을 통해 인간을 위한 감성+AI, 인간과 협업하는 AI, 그리고 컴퓨팅사고를 키운다.

– 여현덕·강혜경(2020a)

교수 기법

인재를 키우기 위한 기존의 교육 방법론으로는 학생 중심 교수법(Student Centered Cooperative Learning),[15] 과제 중심 교수법(Task–Based Method/Project–Based Learning),[16] 그리고 문제해결 중심 교수법(Problem–Solving Method)이 있다.

제이콥스 & 레난디아(Jacobs & Renandya, 2019)는 학생 중심 교수법의 10가지 요소를 다음과 같이 들고 있다.

'학생 중심 교수법' 10가지 요소

1) 함께 배우는 학습자들로서의 학생과 교사
(students and teachers as co–learners)
2) 학생과 학생 간의 상호작용
(student–student interaction)
3) 학습자 자율성(learner autonomy)
4) 의미에 초점을 맞춘 학습(focus on meaning)
5) 커리큘럼 통합(curricular integration)
6) 다양성(diversity)
7) 생각하는 기술(thinking skills)
8) 대체 평가(alternative assessment)

9) 학습 분위기(learning climate)

10) 내적 동기(intrinsic motivation)

'과제 중심 교수법'은 탐구 기반 학습의 스타일로 학생들이 실제 문제를 탐구함으로써 더 깊은 지식을 습득할 수 있도록 하는 접근 방식이다. 학생들은 질문을 조사하고 응답하기 위해 긴 시간 동안 실제로 작업하면서 주제에 대해 배운다. 이 교수법에선 기존의 사실을 제시하기보다는 질문, 문제 또는 시나리오를 제공하여 지식에 대해 원활한 길을 유도한다. 이러한 점에서 암기 기반, 종이 기반, 또는 교사 주도의 교육과 대조된다.

'문제해결 중심 교수법'은 문제의 인식, 문제해결의 계획, 실행, 결과 발표 및 검토, 그리고 평가 및 정리의 다섯 단계로 나누어진다. 문제해결학습(PBL: Problem-Based Learning[17,18]/PSL: Problem-Solving Learning[19])은 학생들이 경험을 통해 학습하고, 직접 해결하도록 하는 기법이다. 방법론적으로 과업에 집중하여 학생이 중심이 되어 문제를 진단하고 해결책을 모색한다. 본 학습 과정에서는 정의된 해결책으로만 문제를 해결하는 데 중점을 두지 않고, 여러 바람직한 기술과 해법을 개발하면서 문제해결을 모색한다.

교수 절차

그렇다면 교실 수업에서 이러한 교수 기법을 활용하면서 교사는 학습자들에게 수업내용을 어떤 절차로 전달해야 할까? 예를 들어, 아주 많은 숫자를 기억해야 한다고 가정해보자. 또는 수많은 기호 중 하나를 가려내야 한다고 가정해보자. 우리의 기억에는 한계가 있다. 아마도 이런 기억력 측면에서는 인공지능이 인간보다 더 나을 것이다. 단순한 암기나 기억은 인공지능이 훨씬 더 잘할 것이다. 그렇다면 우리는 인공지능에 의존해야만 하는가? 하지만 우리 인간에게는 생각하는 힘이 있다. 그것은 다름 아닌 사물에 의미를 부여해서 기억하는 법이다. 간단한 예로, MBTI 성격유형 테스트는 다양한 유형으로 성격을 구분하여 진단한다. INFP, INFJ, ENFJ, ISTJ 등 총 16가지 유형이 있다.[20] 자신의 유형이 무엇인지를 기억하고자 할 때 예를 들어, 단순히 'INFP'라고 외우기보다는 여기에 의미를 부여하면 오랫동안 쉽게 기억할 수 있다. 예를 들면, 'INFP'를 'I Never Forget Peace.'란 문장으로 의미를 부여하면 더 쉽게 'INFP'를 기억할 수 있다. 이렇게 생각의 연상 기법을 활용하여 기억하는 방식은 프랑스의 라틴어 교사 프랑수아 구앵(François Gouin, 1831~1896)이 제시한 시리즈 교수법(Series Method)에 입증되어 있다.

구앵의 시리즈 교수법(Gouin's Series Method)

> 구앵은 독일어를 배우기 위하여 함부르크에서 일 년 동안 살았다. 그는 독일어 문법과 불규칙 동사를 암기하고, 고흐와 실러의 책을 번역하는 등 문법 번역식 교수법을 통하여 스스로 독일어를 익혔으나, 독일어를 독해할 수만 있을 뿐 말하거나 들을 줄은 몰랐다. 프랑스로 귀국한 구앵은 두 살이었던 조카가 한 해 만에 프랑스어를 자유자재로 말할 수 있게 된 것을 발견하고는, 조카와 아이들을 관찰한 끝에 언어는 사고를 표현하는 수단이며 어린이의 언어 사용도 마찬가지라고 결론지었다. 이후 구앵은 현실적인 맥락이 있는 일련의 문장을 문법 규칙에 대한 설명 없이 목표 언어로 가르치는 시리즈 교수법을 창안하게 된 것이다.
>
> – Brown(2001)

구앵은 아이들을 관찰한 후 "언어학습은 일차적으로 지각을 개념으로 전환하는 일이다. 어린아이들은 개념을 나타내기 위해 언어를 사용한다. 언어는 사고의 수단이고, 세계에 자신을 알리는 수단이다(Brown, 2001)."라는 결론에 도달한다. 시리즈 교수법은 지각하기 쉬운 일련의 연속적인 문장들을 번역 없이 제2언어로 직접, 문법 규칙이나 설명 없이,

의미를 부여하여 개념적으로 가르치는 교수법이다. 브라운(Brown, 2002)이 소개한 구앵의 교수법 예문을 보자.

구앵의 시리즈 교수법 (Gouin, 1880)

나는 문 쪽으로 걸어간다. 나는 문 가까이 다가갔다. 문 쪽으로 더 가까이 다가갔다. 문 앞에 도착한다. 문 앞에 멈추었다. 팔을 뻗었다. 손잡이를 잡는다. 손잡이를 돌린다. 문을 연다. 문을 당긴다. 문이 움직인다. 그 문은 경첩으로 돌아간다. 문이 빙글빙글 돈다. 나는 문을 활짝 연다. 손잡이를 놓는다.

Gouin's Series Method (Gouin, 1880)

I walk towards the door. I draw near to the door. I draw nearer to the door. I get to the door. I stop at the door. I stretch out my arm. I take hold of the handle. I turn the handle. I open the door. I pull the door. The door moves. The door turns on its hinges. The door turns and turns. I open the door wide. I let go of the handle. (Brown, 2001)

앞선 인용문의 15개 문장에는 여러 가지 문법적 속성과 단어, 구문, 어순 등을 포함하고 있다. 하지만 그러한 설명 없이도 일상생활에서 쉽게 접할 수 있는 상황에 개념(의미)을 부여하여 문장으로 연결되어 있다. 15개의 문장을 하나씩 순서대로 노출함으로써 학습자들은 내용을 쉽게 이해하고, 연결되는 문장을 기억하고, 회상할 수 있다. 1800년대 말 이미 프랑스에서 라틴어 선생이었던 구앵은 자신의 경험을 통해 이런 통찰력을 보여주는 교수법을 고안해낸 것이다.

시리즈 교수법의 특징은 한 번에 하나씩, 어휘와 문장에 개념을 부여한 후 여러 번의 반복을 통해 언어를 학습시키는 것이다. 이것은 맥도널드(MacDonald, 2021)가 소개한 스토리의 예에서도 찾아볼 수 있다. 스토리 사례를 몇 개 살펴보자.

04 스토리 사례

"인간은 선천적으로 논리를 이해하는 데 이상적이지 않다.
인간은 선천적으로 스토리를 이해하도록 만들어져 있다."

– 로저 생크

"Humans are not ideally set up to understand logic;
they are ideally set up to understand stories"

– Roger C. Schank

이번 장에서는 영어 스토리 사례로 The SQUEAKY Door, THOMAS & FRIENDS, Oi! Get Off Our Train, We're Going on a Bear Hunt 이야기를 살펴보겠다. 어휘와 구문 표현의 묘미를 느낄 수 있게 영어 원문을 그대로 올린다.

The SQUEAKY Door

'The SQUEAKY Door(삐걱거리는 문)'라는 이야기를 보자. 이 이야기에서 반복 노출되는 단어나 구문이 몇 개인지 세어보라.

The SQUEAKY Door[21)]

Little Boy went to Grandma's house.

Grandma said, "You will sleep in the big bed, all by yourself.

Will you be scared?"

Little Boy said, "NO, not ME!"

So, Grandma tucked the boy in. She kissed the boy goodnight.

"Now, when I go out and close the door... Will you be scared?"

"NO, not ME!"

So, Grandma tiptoed out. She turned off the light. "click."

She closed the door... "SQUEEEEEAK!"

The Boy began to cry, "WAAAAAA!"

"Oh no! Were you scared?"

"No.... not me."

"Hmmm. I think you were scared.

Do you want to sleep with the cat?"

"YES! YES! YES!"

Grandma kissed the cat goodnight. "SMACK!"

She kissed the boy goodnight. "SMACK!"

"When I close the door, will you be scared?"

"NO. Not ME!"

Grandma tiptoed out. She turned off the light... "click."

She closed the door. .... "SQUEEEEAK!"

Boy began to cry! "WAAAAHHHH!"

Cat began to meow! "MEOWWW!"

"Oh no! Were you scared?"

"No. Not me."

"Would you like to sleep with the dog?"

"YES! YES! YES!"

Grandma kissed the boy goodnight. "SMACK!"

She kissed the cat goodnight. "SMACK!"

She kissed the dog goodnight. "SMACK!"

"When I close the door, will you be scared?"

"NO! Not ME!"

Grandma tiptoed out. She turned off the light. "click."

She closed the door. "SQUEEEAK!"

"WAAAAAHHH! MEOW!!! WOOF! WOOF! WOOF!"

"Oh no! Were you scared?"

"No. Not me."

"Would you like to sleep with the pig?"

"YES! YES! YES!"

Grandma kissed the boy goodnight. ... "SMACK!"

She kissed the cat goodnight. "SMACK!"

She kissed the dog goodnight. "SMACK!"

She kissed the PIG goodnight. "SMACK!"

"When I close the door, will you be scared?"

"NO! Not ME!"

Grandma tiptoed out. She turned off the light. "click"

She closed the door. "SQUEEEAK!"

"WAAAAAH! MEOW! WOOF! WOOF! WOOF! OINK! OINK! OINK!"

"Oh no! Were you scared?"

"No. Not me."

"Would you like to sleep with the HORSE?"

"YES! YES! YES!"

Grandma kissed the boy goodnight. "SMACK!"

She kissed the cat goodnight. "SMACK!"

She kissed the dog goodnight. "SMACK!"

She kissed the pig goodnight. "SMACK!"

She kissed the horse goodnight. "SMACK!"

"When I close the door, will you be scared?"

"NO! Not ME!"

So, Grandma tiptoed out. She turned off the light. "click."

She closed the door. .... "SQUEEEEAK!"

"WAAAH! WAAAH! MEOW! WOOF! WOOF!

OINK! OINK! NEIGH! NEIGH! NEIGH!"

"KABOOM!" The bed broke.

……

출처 : Grandma, Little Boy, and the SQUEAKY Door!
(MacDonald et al., 2013)

이 이야기는 할머니와 어린 소년, 그리고 끽끽 소리를 내는 (방)문에 관한 이야기이다. 할머니 댁을 방문한 어린 소년이 밤에 혼자 잠을 자야 하는 상황에서 "이제 할머니가 문을 닫고 나가면, 혼자 잘 수 있겠냐고, 무섭지 않겠느냐고(Now, when I go out and close the door, will you be scared?)" 할머니가 묻는다. 어린 소년이 "아니요. 저는 안 무서워요!(NO, not ME!)"라고 대답한다. 그러나 이내 아이는 끼익 하고 문 닫히는 소리에 겁을 집어먹고 소리치며 상황이 반복되는 이야기이다. 어린 시절 접할 수 있는 친근한 이야기를 활용하여 새로운 단어(cat, dog, pig, horse 등)와 관용구(go out, turn off, sleep with 등), 문장의 어순 및 형태(시제)(Will you be scared? Are you going to be scared? Were you scared? No, not me. 등) 등을 문법 설명 없이 자연스럽게 노출한다. 또한, 이야기 속에서 여러 번의 반복을 통해 마침내 하나의 이야기를 자기의 이야기가 되도록 만들어 준다. 소년은 할머니가 들려주었던 이야기를 집에 돌아와서 엄마, 아빠 또는 친구들에게 해줄 수 있게 된다.

"The SQUEAKY Door" 이야기를 제2언어로 영어를 배우는 교실에서도 활용할 수 있다. 교사는 학생들에게 한 번에 하나씩 단계적으로 이야기 내용을 제시한다.

첫째 날에는

- 몇 개의 단어만 영어로 알려준다.
- 학생들은 교사와 함께 영어 단어와 구문을 반복한다.
  예) "Squeaky Door; No, Not ME!"
- 그리고 이 구문들을 우리말로 반복하도록 한다.

둘째 날에는

- 첫째 날 배운 구문을 모두 영어로 반복한다.

셋째 날에는

- 전체 이야기를 영어로 말하는 연습을 한다.
- 이야기의 윤곽을 그려 종이를 접어 이야기 포켓을 만

들어 게임을 한다.

넷째 날에는

- 학생들이 팀을 이루어 동료 학생들에게 영어로 말하는 연습을 한다.
- 학습정리: 학생들은 교실에서 전체 학생들을 대상으로 이야기를 하고, 다른 반 학생들과도 공유하며, 집에 가서 가족들과 이야기를 공유한다.

이런 식으로 하루에 하나씩 반복을 통해 체계적으로 놀이를 하듯 노출될 때 학생들은 재미있게 수업에 몰입할 수 있게 된다. 교사가 많은 지식을 한꺼번에 주입하는 교육이 아니라 일상생활에서 쉽게 접할 수 있는 이야기를 소재로 사용하여 자연스럽게 학습에 적용하여 단계별로 필요한 학습 내용을 습득하게 하는 것이다. 이야기는 학습자에게 흥미를 유발하고 동기를 부여한다. 직접 참여하여 이야기를 청중에게 전달하는 행위, 즉 스토리텔링은 학생들에게 성취감과 자신감을 준다. 이렇게 습득된 내용과 습관은 평생을 살아가는데 도움이 될 것이다.

THOMAS & FRIENDS

증기기관을 발명하여 산업혁명을 주도한 영국은 기차와 역을 소재로 한 이야기책과 애니메이션이 많다. 대표적인 작품이 『토마스와 친구들(Thomas & Friends)』이다. 원작자인 성공회 신부 윌버트 오드리(Reverend Wilbert Awdry, 1911~1997)는 증기기관의 여러 사고와 복구 과정을 이야기와 그림으로 창작해냈다. 신부가 이야기꾼이 된 것은 그의 가정적인 성품 탓이다. 오드리 신부는 어린 시절을 영국 윌쳐의 복스 마을에서 보냈다. 그는 밤마다 근처 대서부철도(GWR)의 기찻길에서 기관차 소리를 들으며 자랐다. 세월이 흘러 1943년에 그는 홍역에 걸려 집에서 격리 중인 아들을 즐겁게 해주기 위해 기관차 이야기를 들려주기 시작했다. 그는 각각의 기관차에 인성을 부여해서 이야기를 만들었다. 그림 삽화는 레지날드 달비(Clarence Reginald Dalby, 1904~1983)가 맡았다. "핍핍 퓹퓹" 소리를 내는 기차 엔진으로 토마스(청색), 고든(청색), 제임스(빨간색), 에드워드(청색), 헨리(녹색), 터비(트램 엔진) 등의 캐릭터를 등장시켜 모두 26편의 이야기를 만들었다. 『토마스와 친구들』은 실생활 밀착형 창작물이다. 이 시리즈는 1984년 10월 TV에 방영되면서 인기를 끌었고, 관련 장난감도 불티나듯 팔렸으며, 전 세계 시장으로 진출했다. 기차를 소재로 한 스토리텔링이 황금알을 낳는 거위가 되었다.

Oi! Get Off Our Train

존 버닝햄(John Burningham)은 1936년 영국에서 태어나 열 살 때 대안학교인 서머힐을 다녔다. 그는 1953년 영문학으로 졸업장을 받고 학교를 떠났다. 1954년에는 양심적 병역거부자로 등록하여 산림 관리, 건물 짓기 등 사회복지 사업에 참여하여 대체 복무를 했다.

버닝햄은 아이들의 눈높이에서 세상을 보고 글을 썼다. 부인 헬렌 옥슨버리(Helen Gillian Oxenbury)는 그림책 일러스트레이터이다. 버닝햄은 아이들이 공감할 수 있는 내용(예를 들면, 환경보호)을 자연스럽게 이야기로 풀어낸다. 아이들이 좋아하는 기차와 동물을 등장시켜 문장구조를 반복하면서 리듬감을 살린다.

『야, 우리 기차에서 내려(Oi! Get Off Our Train)』 이야기의 기본 골격을 살펴보자. 늦게까지 기차를 가지고 놀던 소년이 잠자리에 들면서 꿈속에서 기차 여행을 한다. 기차를 세워두고 강아지와 함께 놀고 있는데 코끼리가 나타나 기차에 타자 소년과 강아지가 외친다. "야, 우리 기차에서 내려!" 코끼리는 기차에 타야 하는 사연(사람들이 상아 채취를 위해 살 수가 없다고 사정을 호소한다)을 늘어놓는다. 결국, 소년은 코끼리를 기차에 태우고 함께 여행하다가 더운 곳을 지날 때 함께 수영한다. 이번에는 물개가 기차에 타려고 하자 소년과 강아지와 코끼리가 한목소리로 외친다. “야, 우리 기차에서 내려!” 물개는 기차에 타야 하는 사연(사람들이 물을 더럽히고 물고기를 많이 잡아가서 더 이상 바다에서 살 수 없다고 사정을 호소한다)을 늘어놓는다. 소년은 물개도 기차에 태운다. 이제 바람 좋은 곳에서 함께 연을 날리며 논다. 기차 여행을 계속하면서 다양한 동물을 만나 그들의 사연을 들은 후에는 기차에 태운다. 새로운 인물, 새로운 장소, 새로운 놀이가 연속되면서 독자의 호기심을 지속시킨다. 버닝햄은 인간과 환경과 동물들이 공존하는 세상을 펼쳐 보인다. 재미와 교훈 및 시각적 · 청각적 즐거움을 선사하는 이야기이다.

We’re Going on a Bear Hunt

마이클 로젠(Michael Rosen)이 쓰고, 헬렌 옥슨버리가 삽화를 그린, 유아용 영어 그림책인 『곰 사냥을 떠나자(We’re Going on a Bear Hunt)』는 스토리텔링 문법을 잘 보여준다.

We’re Going on a Bear Hunt

We’re going on a bear hunt.
We’re going to catch a big one.
What a beautiful day!
We’re not scared.

Uh–uh! Grass!
Long wavy grass.
We can’t go over it.
We can’t go under it.

Oh no!
We’ve got to go through it!

Swishy swashy!

Swishy swashy!

Swishy swashy!

We're going on a bear hunt.

We're going to catch a big one.

What a beautiful day!

We're not scared.

Uh–uh! A River!

A deep cold river.

We can't go over it.

We can't go under it.

Oh no!

We've got to go through it!

Splash splosh!

Splash splosh!

Splash splosh!

Uh–uh! Mud!

Thick oozy mud.

Squelch squerch!

Squelch squerch!

Squelch squerch!

Uh–uh! A forest!

A big dark forest.

Stumble trip!

Stumble trip!

Stumble trip!

Uh–uh! A snowstorm!

A swirling whirling snowstorm.

Hoooo woooo!

Hoooo woooo!

Hoooo woooo!

Uh–uh! A cave!

A narrow gloomy cave.

Tiptoe!

  Tiptoe!

    Tiptoe!

WHAT'S THAT?

One shiny wet nose!

  Two big furry ears!

    Two big goggly eyes!

IT'S A BEAR!!!!

We're not going on a bear hunt again.

줄거리의 골격은 곰 사냥을 갔다가 집으로 되돌아와 문을 잠그고 침실로 들어가 이불 속에 숨는다는 내용이다. 유아용 도서를 쓸 때 고려해야 할 사항들이 있다.

첫째, 호기심을 유발하여 이야기에 집중하게 만들어야 한다.

둘째, 소리음(의성어와 의태어)을 살려 생생한 느낌을 전달해야 한다.

"굽이치는 긴 풀(Long wavy grass)"이 스치는 소리를 낸다(Swishy swashy!). "깊고 차가운 강물(A deep cold river)"을 건널 때 첨벙 소리를 낸다(Splash splosh!). "걸쭉한 질척질척한 진흙(Thick oozy mud)"을 건널 때 철벅거리는 소리를 낸다(Squelch squerch!). "넓고 어두운 숲(A big dark forest)"에 도달해서는 힘들게 걷는다(Stumble trip!). 이어 "소용돌이치는 눈보라(A swirling whirling snowstorm)"를 만나 추위에 떤다(Hoooo woooo!). 도착한 "비좁고 어두운 동굴(A narrow gloomy cave)" 속을 살금살금 걷는다(Tiptoe!). 마침내 무서운 곰과 맞닥뜨린다. 곰의 특징을 이렇게 생생하게 묘사한다. "빛나는 젖은 코," "털로 덮인 두 귀," "휘둥그레한 두 눈!"(One shiny wet nose!/ Two big furry ears!/ Two big goggly eyes!).

셋째, 동일한 문장 패턴을 반복하면서도 변주를 하여 유아들이 자연스레 단어와 문장을 습득할 수 있도록 한다. 기본 문장은 "We're going on a bear hunt"이다. 이어 장애물들이 연속적으로 등장한다. 숲, 강물, 진흙, 숲, 눈보라를 거쳐 마침내 동굴에 이르러 곰을 만난다.

넷째, 극적인 장면을 마련하여 놀라움과 재미를 선사한다. 놀라움을 극대화했다(WHAT'S THAT?). 그리고 정체를 밝힌다(IT'S A BEAR!!!!). 겁에 질려 다시는 곰 사냥을 가지 않겠다고 다짐하는 것으로 이야기를 마무리한다.

그림 삽화는 상상의 날개를 달아준다. 그런데 언어습득은 청각을 통해 이루어진다. 상상력을 유발하며, 눈과 귀를 자극하는, 유아용 이야기는 영어 학습에 좋은 벗이다.

05 교사의 준비도

"중요한 것은 교사가 무엇을 가르치느냐보다

교사 그 자신의 역량이다."

– 칼 메닝거

"What the teacher is,

is more important than what he teaches."

– Karl A. Menninger

교실 현장에서 각 이론의 단점을 보완하고 보다 효과적인 학습방안을 찾기 위해 전통적인 학습이론인 행동주의(Behaviourism), 생득주의(Innatism), 상호작용주의(Interactionism), 인본주의(Humanism) 등의 이론들이 꾸준히 제시되어왔다. 훌륭한 교사는 자기 학생들에 대한 주의 깊은 관찰을 통해 학생들의 나이, 이해도 등 개개인의 눈높이에 맞는 교육 내용과 맞춤형 접근방법을 취한다. 그렇다면 미래인재를 키우는 교사의 자질은 무엇인가?

교사의 자질

우선 일반적인 교사의 자질에 대해 살펴보자. 인내심과 관찰력이 필요하다. 교사는 아이의 변화(학습상태, 태도, 생각의 변화, 동료 학생들과의 관계, 성격, 장점, 단점 등)를 면밀하게 관찰하여 방과 후 일지를 써서 기록으로 남길 필요가 있다. 학교에서 행해지는 교과목과 전반적인 과정에 대한 학생의 기록이 매일 매일 정리되어 차곡차곡 쌓여 학기 말 보고서 형식으로 부모에게 전달되고, 학교 시스템에 기록물로 보관되어야 한다. 보고서는 숫자로 표기된 순위나 점수가 아닌 학생의 학교생활 일거수일투족을 일관성 있게 지켜본 교사의 관찰 기록이다. 즉, 면밀한 학생의 행동과 결과물과 그에 대한 교사의 생각이 담긴 보고서이어야 한다.

초등학교를 입학하기 전 유치원 아동의 보고서는 주로, 1) 언어구사력(Speech), 2) 놀이 활동(Play), 3) 사회적 행동(Social Behaviour), 4) 추가 의견(Additional Comments) 등으로 기록된다. 영국 런던의 유치원 평가보고서의 예는 〈부록 1〉을 참조하라. 여기서는 남아 앤서니(Anthony의 2세 때와 3세 때)를 교사가 관찰 기록한 일지 중 1) 언어구사력 부분을 소개한다.

SPEECH (CHILD: Anthony, 2 YEAR OLD BOY / TEACHER: Ann)[22]

Anthony has a large vocabulary and understands what he is told completely. He can talk in complete sentences. He knows and can tell you his first and last name. He can look at pictures of animals, shapes, colours or transport and tell you what each one is. He also knows enough to tell you the difference between a yacht, a ship and a boat. I don't find that there is anything wrong with Anthony's capability of speech. He can verbalise his needs, e.g. toilet needs. Anthony prefers to talk to adults rather than his peer group. He passed his Denver Test[23] easily. Anthony talks openly in nursery, and enjoy telling you of things he has done and seen in the past. His sentences are very understandable, and grammatically correct.

두 살 된 아이 앤서니의 언어구사력에 대해 유치원 교사가 작성한 보고서이다. 이 영문 보고서를 우리말로 옮기면 다음과 같다.

> 말/언어구사력(남아 앤서니가 2세 때 유치원 교사 앤이 기록한 보고서)
> 앤서니는 어휘가 풍부하고 그가 들은 것을 완전히 이해한다. 그는 완전한 문장으로 말할 수 있다. 앤서니는 자기의 성과 이름을 알고 말할 수 있다. 그는 동물, 모양, 색깔 또는 운송 수단의 사진을 보고 각각이 무엇인지 알려줄 수 있다. 그는 또한 요트, 배, 보트의 차이점을 말해줄 만큼 충분히 알고 있다. 나는 앤서니의 말하기 능력에 아무런 문제가 없다고 생각한다. 앤서니는 자신이 필요한 것을 말로 표현할 수 있다. 예를 들면, 화장실에 가고 싶다는 표현을 말로 할 수 있다. 앤서니는 또래 집단보다 어른들과 대화하는 것을 더 좋아한다. 그는 덴버 테스트를 쉽게 통과했다. 앤서니는 유치원에서 공개적으로 대화하고, 그가 과거에 했던 일이나 보았던 것에 대해 이야기하는 것을 즐긴다. 그의 문장은 매우 이해하기 쉽고 문법적으로 정확하다.

교사는 2세 아이의 어휘 능력, 문장 구성 능력, 자기 이름을 정확하게 말할 수 있는 능력, 사물의 이름과 차이점을 말하는 능력, 그리고 필요한 것을 말로 표현할 수 있는 능력 등을 자세히 기록하였다. 또 이 기록을 통해 구성원 간의 소통 능력을 중심으로 아이의 사회적응 능력도 관찰하고 있음을 볼 수 있다.

앤서니가 3세가 되었을 때 아이의 언어구사력이 어느 정도 발전되었는지를 보기 위해 유치원 교사가 작성한 보고서도 참조해보자.

SPEECH (CHILD: Anthony, 3 YEAR OLD BOY / TEACHER: Julie)[24)]

Anthony has a large and varied vocabulary. He speaks in well formed sentences and his words and pronunciation is clear. Sometimes Anthony tries to speak too quickly and stammers, but once told to slow down he delivers the words correctly. He is able to communicate well with both staff and children and holds conversations with both. Anthony can also carry out simple instructions. Anthony likes listening to stories and will make comments about the book both during and after the story. He also enjoys singing sessions and knows the words to most of our nursery rhymes, and he will also join in with actions. Anthony is able to count up to 11 and recognises written numbers 1–9. He is also familiar with primary and secondary colours and recognises the first shapes square triangle and circle.

말/언어구사력(앤서니가 3세 때 유치원 교사 줄리가 기록한 보고서)
앤서니는 방대하고 다양한 어휘를 구사한다. 앤서니는 잘 구성된 문장을 말할 수 있고, 단어와 발음이 명확하다. 때때로 너무 빨리 말하려고 하다 말을 더듬기도 하지만, 일단 속도를 늦추라고 하면 단어를 올바르게 말한다. 앤서니는 직원과 아이들 모두와 의사소통이 잘되고 대화를 잘한다. 그는 간단한 지시도 수행할 수 있다. 앤서니는 이야기 듣기를 좋아하며 이야기 도중이나 끝난 후 책에 대한 자기 의견을 말하기를 좋아한다. 앤서니는 또한 노래 세션을 즐기고 동요 가사 대부분을 알고 있으며 몸짓 동작도 즐기며 참여한다. 앤서니는 11까지의 숫자를 셀 수 있고, 1부터 9까지의 숫자를 식별할 수 있다. 그는 또한 기본색과 보조색에 익숙하며 1차 도형인 정사각형, 삼각형, 원을 인식할 수 있다.

이 보고서를 보면 세 살이 된 앤서니는 좀 더 다양하고 많은 어휘를 사용할 수 있게 된다. 단어와 발음이 명확해졌으며, 문법적으로 적확한 문장을 사용한다. 이처럼 교사는 앤서니란 아이의 특성을 문장 구사력, 구성원과의 의사소통, 교사의 지시를 듣고 수행하는 능력, 수업 태도와 참여도, 수업내용 이해도, 의견 제시와 발표력, 눈높이별로 진행된 수업내용 이해도 등에 대한 구체적인 예를 들어 기록하고 있다.

이제 영국 초등학교의 학년 말 보고서를 살펴보자. 보고서에는 학교에서 다루는 모든 교과목에 대한 관찰 기록이 포함된다. 런던의 초등학교 학년 말 보고서의 예는 〈부록 2〉에서 참조할 수 있다. 가톨릭 학교의 경우 1) 종교교육(Religious Education)이 추가되고, 기본 교과목으로 2) 영어(English, 우리나라 '국어'에 해당), 3) 수학(Mathematics), 4) 과학(Science)이 있으며, 그 밖에 5) 정보기술(Information Technology), 6) 디자인 테크놀로지(Design Technology), 7) 역사(History), 8) 지리(Geography), 9) 체육(Physical Education), 10) 미술(Art), 11) 음악(Music) 과목이 편성되어 있다. 그리고 12) 담임교사의 의견(Class Teacher's General Comment), 13) 교장의 논평(Headteacher's Comments), 14) 학생과 부모와의 면담을 통한 기록을 포함한 학년 말 리뷰(End of Year Review)가 작성된다. 모든 교과목은 과목별로 학년 수준에 필요한 기준을 제공하지만 정해진 교재는 없다. 정해진 기준 안에서 교사의 재량에 따라 수업이 진행된다. 정리하면, "교과목을 통합하는 방식에다가 개인의 차이를 인정하는 변별학습 방식이 병행된다." – 박종성(2001, 59)

앞에서 살펴본 아동 앤서니가 초등학교에 진학하여 1학년 말에 받은 보고서 중 영어(English) 부분을 인용해 보겠다. 우리나라의 국어 과목에 해당한다.

ENGLISH (YEAR GROUP 1, 5 YEAR OLD BOY, CLASS TEACHER: Claire Clarke)[25)]
As he has become established in Our Lady's Class, he has developed a confident approach to expressing himself verbally. Speech is always clear and appropriate for his intention. Reading is approached with great confidence and independence. He tends to rely a great deal on phonics to read unknown words. He is now keen to attempt a wide range of texts. His writing has also shown marked improvement. His developing vocabulary is evident in his stories. Spelling strategies are developing and presentation is clear.

영어(초등 1학년, 5세 남아, 담임교사 클레어 클락이 기록한 보고서)
그는 Our Lady 반에서 잘 적응하면서 자신 있게 자기 자신을 말로 표현하는 방법을 터득하고 발전시켰다. 그의 구술 발표는 항상 명확하며, 자신의 의도를 잘 전달한다. 읽기에 대단한 자신감을 느끼고 있으며, 혼자서 책을 읽을 수 있다. 모르는 단어를 읽을 때는 파닉스에 크게 의존하는 경향이 있다. 그는 이제 광범위한 텍스트(책)를 읽는 데 열중하고 있다. 그의 글쓰기도 현저하게 향상되었으며, 그의 이야기를 들어보면 어휘력이 풍부해지고 있음이 분명히 드러난다. 맞춤법 전략도 발전되고 있으며 프레젠테이션이 명확하다.

다음 내용은 앤서니가 초등학교 2학년(6살) 때 담임교사가 쓴 학년 말 보고서에서 영어(English) 부분을 인용하였다.

> ENGLISH (YEAR GROUP 2, 6 YEAR OLD BOY, CLASS TEACHER: T. A. Mepham)[26]
> Anthony is a very confident speaker and enjoys talking about things he has done and a particular book. Anthony has become more fluent with his reading, he enjoys looking at non–fiction books and learning about unusual animals. His comprehension has improved enormously. Anthony has very neat writing, he writes clearly and his spelling is very good. He sometimes needs stretching to use his imagination and extend his writing.

영어(초등 2학년, 6세 남아, 담임교사 T. A. 메팜이 기록한 보고서)
앤서니는 자신감 있게 말하며 자신이 한 일과 특정 책에 관해 이야기하는 것을 즐긴다. 앤서니는 읽기에 더 능숙해졌으며 논픽션 책을 보고 특이한 동물들에 대해 배우는 것을 즐긴다. 그의 이해력은 엄청나게 향상되었다. 앤서니는 글씨가 아주 깔끔하고, 글씨를 또렷하게 쓰며, 철자법도 아주 좋다. 그는 때때로 상상력을 발휘해서 글쓰기를 확장할 필요가 있다.

이처럼 영국에서 교사의 주된 업무는 교과 활동 준비와 학생의 관찰 및 그에 대한 기록이다. 개별 학생의 기록은 초등학교 6년 동안 학교 시스템에 고스란히 보관된다. 물론 학부모에게도 면담을 통해 전달된다. 한 개인의 모든 활동이 관찰되고 기록된다. 그 아이의 개성과 차별성, 장점, 단점, 부족한 점 등을 발견한다. 부모와 교사는 개개인에 대한 최선의 교육이 이루어지도록 협업을 하게 된다. 학교에서 교사는 다른 행정업무를 보는 데 시간을 낭비하지 않는다. 오로지 학생들과 함께할 수업내용 연구와 학생을 관찰하고 보살피는 데 모든 시간을 할애한다.

이런 교사의 역할은 맥도널드 박사가 주장하는 스토리텔러의 본분과도 일맥상통한다. 즉, 스토리텔러는 자신이 들려주는 이야기와 그 이야기를 듣는 청중만을 고려하듯이, 교사는 그 시간 다룰 수업내용(이야기)과 학생(청중)에만 집중해야 한다(MacDonald, 2021). 다른 것이 끼어들어선 안 된다. 한 개인을 교육하는 데는 이와 같은 교사의 전문성이 요구된다. 교사의 예리하고도 꾸준한 관찰과 기록이 학년이 바뀌어도 인수인계가 된다. 새 교사는 전년도 기록을 참고하며 아이의 배경을 파악하고, 새로운 학년에서 더 발전해나갈 수 있도록 일관성 있게 지도한다. 이런 식으로 교육의 변화를 이루어낸다. 이런 식으로 한 개인의 특성을 발견할 수 있고 그 특성을 개발할 수 있는 교육을 제공하게 된다.

미래인재를 육성하기 위한 교사상

인재를 발굴해내는 데 교사의 역할은 대단히 중요하다. 교사는 교실에서 능동적으로 학생들을 이끌어야 한다. 교사는 학생들이 수업에 흥미를 느낄 수 있도록 질문을 하고 답을 유도하는 촉매제 역할을 해야 한다. 또한 교사는 학생들이 이미 알고 있는 정보를 떠올리고 새로운 정보를 연결할 수 있도록 학생들을 자극하여야 한다. 이러한 역할은 일련의 질문을 통해 이루어질 수 있다. 교사는 학습 주제에 관한 질문을 통해 계획하고 조사하도록 격려하고, 학습자 스스로 문제해결에 초점을 맞추어 진단하며, 해결 방안을 제시하고, 그 방안을 실제 적용해볼 수 있도록 자극하는 질문들을 던진다. 그리고 교사는 학생들이 새로 배운 내용을 반영해서 결과물을 만들어낼 수 있도록 격려하고, 결과물에 대한 정확한 피드백과 동료 학생들과의 토의를 통해 비교 검토하도록 유도해야 한다.

브루스터 외(Brewster et al., 1991)는 바람직한 교사의 자질을 "교수 기법, 학습 분위기 조성 기술, 그리고 학습활동 조직 기술에 더하여 가르칠 내용에 대한 자신감을 쌓는 것과 아동과 초등교육에 대한 철저한 이해"로 보았다.[27] 마지막으로 4차 산업혁명 시대를 이끌 미래인재 육성을 위한 바람직한 교사상을 다음과 같이 정리해보겠다.

미래 교사의 자질

1) 고도의 사고력과 창의적인 발상을 유도하는 교사
2) 개방적이고 수평적인 사고와 다양성을 존중하는 교사
3) 인간애를 중시하고 이를 함양하도록 가르치는 교사
4) 컴퓨팅 사고에 대한 능력을 갖춘 교사
5) AI 기반 과학적 접근과 적절한 도구 활용 능력을 갖춘 교사

우리의 일상 속으로 빠르게 파고든 4차 산업혁명 시대를 맞아 새 시대를 이끌어갈 인재를 육성하기 위한 효과적인 교육 방법론을 구축하고 그에 대해 준비된 교사를 양성하는 데 한층 매진해야 할 것이다.

맺으며

이 책에서 필자는 교육부가 지향하는 AI 시대 교육정책의 3대 방향 중 특히 '감성적 창조 인재'를 육성하는 데 초점을 맞추어 스토리텔링 학습법의 실례를 들어 논의하였다. 또한 수업을 운영해가는 교사의 역량과 자질에 대해서 살펴보았다. 교사는 오케스트라의 지휘자에 비교할 수 있다. 필자가 강조한 점을 정리하면 다음과 같다.

첫째, 미래 사회를 이끌어갈 '인재'는 사유의 힘(창의력), 판단 능력(분석력과 논리력), 유머와 공감 능력, 자기의 생각을 말과 글로 표현해내는 능력(구사력과 문해력)을 갖춘 개인을 의미한다. 더 나아가 인재는 주변에 선한 영향력을 행사할 수 있는 인성을 갖춘 글로벌 인재를 의미한다.

둘째, 인재를 육성하기 위한 방법론을 제시하며 미래교육의 방향성을 진단하기 위해 스토리텔링 학습법을 소개하고, 맥도널드 박사가 생각하는 '스토리텔링'의 정의와 '스토리텔러'의 역할에 대해 살펴보았다. 제2언어를 배우는 교실 현장에서 활용할 수 있는 스토리텔링 학습법의 효과와 가치는 실로 크다.

셋째, 미래 교사는 사고력과 창의성을 갖추고, 수평적인 사고와 다양성을 존중하며, 인간애를 중시하여야 한다. 한 걸음 더 나아가 AI가 인간처럼 생각하고 행동하는 급속히 변화되고 있는 지능 정보화 시대를 맞아 새로운 능력이 요구된다. 즉, 컴퓨팅 사고 능력을 갖추고, AI 기반 과학적 접근과 적절한 도구를 활용할 수 있는 능력을 갖추어야 한다.

필자가 생각하는 교육철학은 '기본에 충실하라(Back to Basics)'이다. 4차 산업혁명에 대비한 미래교육은 새로운 거창한 교육이나 방법론을 찾아야 함을 의미하는 것이 아니다. 네 가지 대안을 제시하고 싶다.

첫째, 본론에서 제시한 영국의 초등학교 교육에서 그 답을 찾을 수도 있다.

둘째, 영화 《흐르는 강물처럼》에서 아버지가 두 아들에게 행하는 훈육에서 교육의 본질을 고찰해볼 수 있다.

셋째, 140여 년 전 라틴어 교사였던 구앵이 창안한 연상기법을 활용한 시리즈 교수법에서 해법을 찾을 수도 있다.

넷째, 맥도널드 박사가 추천하는 민담을 소재로 한 말하기 교육을 재미있게 진행할 수 있다.

진도를 맞추어야 하는 교재나 답이 주어진 방식의 연습문제 풀이로는 미래시대를 이끌어갈 인재를 키울 수 없다. 교육의 기본 틀은 제공하되 내용은 교사의 재량에 따라 필요한 교과목을 통합하는 융합적 교육방식으로 개인의 차이를 인정하는 맞춤형 학습이 병행되어야 할 것이다. 이런 제안이 학습 현장에서 실행되는 날이 오기를 고대한다. 미래교육은 주입식이 아니라, 학습자의 잠재능력을 끌어내야 한다. 윌리엄 버틀러 예이츠(W. B. Yeats)는 이렇게 말했다.

> "교육은 채우는 것이라 아니라 밝혀 주는 것이다."
>
> "Education is not the filling of a pail, but the lighting of a fire."
>
> – W. B. Yeats

참고문헌

• 도서 •

강혜경 (2020). 『영화로 배우는 영어』. 경문사.

강혜경 (2021). 「명문장으로 배우는 영어」. OCU 강의안.

권오량, 김영숙, 한문섭 옮김. (2001). 『원리에 의한 교수』 [원서 Brown, H. Douglas (2001). *Teaching by Principles*. 2nd Ed.] 서울: Pearson Education Korea.

박종성 (2001). 『더 낮게 더 느리게 더 부드럽게』 흥미를 유발하는 영국식 교육 (pp.60–66). 한겨레신문사.

Brown, H. Douglas (2001). *Teaching by Principles*. 2nd Ed. Pearson Education Korea.

Brewster, C., Ellis, G. & Girard, D. (1991). *The Primary English Teacher's Guide*. London: Penguin.

Elements of AI (2020). *How should we define AI*. University of Helsinki. Reaktor.

Gouin, F. (1880). *L'art d'enseigner et d'étudier les langues*. Paris: Librairie Fischbacher. Translation by Swan, Howard, and Bétis, Victor (1892). *The Art of Teaching and Studying Languages*. London: Philip.

Jacobs, G. M. & Renandya, W. A. (2019). *Student Centered*

Cooperative Learning: Linking Concepts in Education to Promote Student Learning. pp. 1–17. Springer.

MacDonald, M. R., Whitman, J. M., and Whitman, N. F. (2013). *Teaching with Story: Classroom Connections to Storytelling*. August House Inc. The United States.

Maclean, N. (1976). *A River Runs Through It*. Chicago University Press.

Myers, I., & McCaulley, M. (1985). *Manual: A Guide to the Development and Use of the Myers-Briggs Type Indicator*. Palo Alto, CA: Consulting Psychologists.

• 논문 •

여현덕·강혜경 (2020a). 인공지능 시대의 AI영재교육방법론 시론 — AI+ST학습법을 중심으로. 『영재교육연구』, 30(2), 89–111. 한국영재학회.

여현덕·강혜경 (2020b). 인공지능 스토리텔링(AI+ST) 학습 효과에 관한 사례연구. 『정보교육학회논문지』, 24(5), 495–509. 한국정보교육학회.

Schmidt, H., Rotgans, J. I., Yew, E. H. (2011). The process of problem–based learning: What works and why. *Medical Education*. 45(8): 792 – 806.

Wood, D. F. (2003). ABC of learning and teaching in medicine: Problem based learning. *BMJ*. 326 (7384): 328 – 330.

• 컨퍼런스 •

Friday, M. J. (2020). How Storytelling Inspires Children to Learn English. Lecture in The 3rd International Storytelling Workshop for Teachers (September 13, 2020). Seoul, Korea.

Gere, J. (2021). Online Workshop with Jeff Gere. The 4th International Storytelling Workshop for Teachers (October 6, 2021). https://youtu.be/kTt1LH9Oufc

MacDonald, M. R. (2021). Interview with Master Storyteller Dr. Margaret Read MacDonald by Hye–Kyung Kang. The 4th International Storytelling Workshop for Teachers (September 29, 2021). Seoul, Korea. https://youtu.be/kTt1LH9Oufc

• 영상 •

구연희 (2020). [2020 제3차 찾아가는 교육정책 설명회(전북)] 1부 정책 돋보기 – 인공지능 시대 교육정책의 방향 (교육부 평생미래교육국. 2020.11.26.). https://youtu.be/jAWDe8t6EVA (2021. 1. 3)

• 웹사이트 •

Denver Developmental Screening Tests.
https://en.wikipedia.org/wiki/Denver_Developmental_Screening_Tests

Maheshwari, V. K. (2017). The Problem–solving Method in Education, Philosophical commentary on issues of today (January 4, 2017).
http://www.vkmaheshwari.com/WP/?p=2375

Project–Based Learning, Edutopia, (March 14, 2016). What is PBL? Buck Institute for Education. Retrieved 2016–03–15. Retrieved 2016–03–15. https://www.edutopia.org/project–based–learning

• 영화 •

Radford, R. (1992). Film 《A River Runs Through It》.

부록

01

영국 런던 소재 유치원(Gumboots Nursery) 평가보고서의 예

평가보고서(REVIEW REPORT) - 유치원
이름 (CHILD'S NAME) : 생년월일 (DATE OF BIRTH) :
반 (FAMILY GROUP) :
평가 날짜 (DATE OF REVIEW) :
발달 사항 (DEVELOPMENTAL PROGRESS)
1. 말/언어 (SPEECH)
2. 놀이 활동 (PLAY) 모래, 물, 그림, 쌓기 등 (기동성, 손재주 및 상상력 놀이 포함) Sand, Water, Painting, Construction, etc. (include Mobility, Dexterity and Imaginative play)
3. 사회활동 (SOCIAL BEHAVIOUR) 유치원 내 성인 및 아동과의 관계 Relationships with Adults and Children within the Nursery
4. 추가 논평 (ADDITIONAL COMMENTS) 아동의 특수 요구 사항 등에 대한 Keyworker의 계획 Keyworker's plans for Child's Special Needs, etc.

02

영국 런던 소재 초등학교(St. Anthony's Catholic Primary School)의 학년 말 보고서의 예

평가보고서 (REVIEW REPORT) - 초등학교

이름 (CHILD'S NAME) :
생년월일 (DATE OF BIRTH) :
년도 (SCHOOL YEAR) :
담당교사 (CLASS TEACHER) :
학년 (YEAR GROUP) :

아이의 모국어 (First Language of Child) :
가정에서 사용되는 모국어 (First Language spoken at home) : e.g. 1/2 English, 1/2 Korean

출석 (Attendance) : 2 sessions = 1 day
총 결석 횟수 (Total Number of Absences) :
총 수업일 수 (Total Number of Sessions) :
무단결석 횟수 : (Number of Unauthorised Absenses) :
지각 (Lates) :

학기 초 보고서 (Autumn Conference) :
학생과 부모와의 면담을 통한 기록 (Record of discussion with child and parent(s) :

서명 (Signed) ______________ **교사(Teacher)** ______________ **아이(Child)**
______________ **부모(Parent)** ______________ **부모(Parent)**
날짜 (Date) ______________

평가보고서 (REVIEW REPORT) - 초등학교 계속[27)]

종교교육 (RELIGIOUS EDUCATION)

영어 (ENGLISH)

수학 (MATHEMATICS)

과학 (SCIENCE)

정보 기술 (INFORMATION TECHNOLOGY)

디자인 테크놀로지 (DESIGN TECHNOLOGY)

역사 (HISTORY)

지리 (GEOGRAPHY)

체육 (PHYSICAL EDUCATION)

미술 (ART)

음악 (MUSIC)

담임교사 의견 (GENERAL COMMENT (Class Teacher)

교장의 의견 (HEADTEACHER'S COMMENTS)

학년말 보고서 (END OF YEAR REVIEW) :

아이와 부모와의 면담 기록 (Record of discussion with child and parent(s) :

서명 (Signed) ______________ 교사(Teacher) ______________ 아이(Child)

______________ 부모(Parent) ______________ 부모(Parent)

날짜 (Date) ______________

Keywords

감성적 창조 인재
감성지능
공감 능력
교사의 자질 및 역량
구앵
그룹화
기본에 충실하라(Back to Basics)
과제 중심 교수법
디지털 문해력
문제해결 중심 교수법
문해력
미래교육
미래인재
사유의 힘
상상력
스토리텔링
스토리텔링 교수법
스토리텔링 학습법
시리즈 교수법
언어구사력
연상기법
요약하기
유머
의사소통 능력
인성
컴퓨팅 사고
추론 능력
판단력
학습자 중심 교육
협업지능
호기심

Albert Einstein

François Gouin

F. Sionil Jose

G. M. Jacobs & W. A. Renandya

H. D. Brown

Helen Gillian Oxenbury

Jeff Gere

John Burningham

Margaret Read MacDonald

Mark Van Doren

Matthew James Friday

Michael Rosen

Roger C. Schank

Wilbert Awdry

W. B. Yeats

미주

01) 영화 《흐르는 강물처럼(A River Runs Through It)》의 원작은 미국 시카고대학 교수였던 노먼 매클레인(Norman Maclean)의 자전적 소설 *A River Runs Through It*(1976)이다. 매클레인 가족(스코틀랜드 장로교 목사인 아버지와 어머니 그리고 두 아들 노먼과 폴)의 사랑과 자연의 아름다움, 플라이 낚시의 예술적 장면, 그리고 감독 로버트 레드포드의 나레이션으로 오래 기억되는 명작이다. 참조 : 『명문장으로 배우는 영어』 강혜경(2021). OCU 강의안.

02) Reaktor (2020). *Elements of AI*. "How should we define AI?" University of Helsinki.

03) 여현덕·강혜경 (2020). 인공지능 시대의 AI영재교육방법론 시론 — AI+ST학습법을 중심으로. 『영재교육연구』, 30(2), 89-111. 한국영재학회.

04) 여현덕·강혜경 (2020). 인공지능 스토리텔링(AI+ST) 학습 효과에 관한 사례연구. 『정보교육학회논문지』, 24(5), 495-509. 한국정보교육학회.

05) 강혜경 (2020). 『영화로 배우는 영어』. 경문사.

06) 강혜경 (2011). 『영국문화의 이해』. "영국 교육의 특징" (pp. 101-105) 참조. 경문사.

07) M. R. MacDonald (2021). "Interview with Master Storyteller Dr. Margaret Read MacDonald by Hye-Kyung Kang." The 4th International Storytelling Workshop for Teachers(September 29, 2021). https://youtu.be/kTt1LH9Oufc

08) J. Gere (2021). "Online Workshop with Jeff Gere." The 4th International Storytelling Workshop for Teachers(October 6, 2021). https://youtu.be/kTt1LH9Oufc

09) 삼성을 비롯한 기업들은 직원들의 어학 능력 인증을 위해 TOEIC 점수 대신 말하기 능력 테스트인 OPIc 점수를 제출하도록 요구하고 있다.

10) M. J. Friday(2020). "How Storytelling Inspires Children to Learn English." Lecture in The 3rd International Storytelling Workshop for Teachers(September 13, 2020).

11) 「제4회 한국 국제스토리텔링 워크숍 – 교사들을 위한 스토리텔링 온라인 워크숍」(2021년 10월 6일). https://youtu.be/kTt1LH9Oufc

12) 참고로 60여 명의 참석자 중 위에 후기를 제출한 학생들은 서울 소재 사이버대학에 재학 중인 학생들로 대부분 재교육 또는 평생교육의 차원에서 직장업무나 육아와 병행하며 학업을 지속하고 있다.

13) 여현덕·강혜경(2020a). 인공지능 시대의 AI영재교육방법론 시론 – AI+ST학습법을 중심으로. 『영재교육연구』, 30(2), 89-111. 한국영재학회.

14) 여현덕·강혜경 (2020b). 인공지능 스토리텔링(AI+ST) 학습 효과에 관한 사례연구. 『정보교육학회지』, 24(5), 495-509. 한국정보교육학회.

15) Jacobs, G. M. & Renandya, W. A. (2019). *Student Centered Cooperative Learning: Linking Concepts in Education to Promote Student Learning*. pp. 1-17. Springer.

16) *Project-Based Learning*, Edutopia(March 14, 2016). What is PBL?

Buck Institute for Education. Retrieved 2016-03-15.

17) Wood, D. F. (2003). "ABC of learning and teaching in medicine: Problem based learning". *BMJ*. 326 (7384): 328–330.

18) Schmidt, H., Rotgans, J. I., Yew, E. H. (2011). "The process of problem-based learning: What works and why". *Medical Education*. 45(8): 792–806.

19) Maheshwari, V. K. (2017). The Problem-solving Method in Education, *Philosophical commentary on issues of today* (January 4, 2017).

20) MBTI (Myers-Briggs-Type Indicator, 마이어스−브릭스 유형 지표)는 작가 캐서린 브릭스(Katharine C. Briggs)와 그의 딸 이사벨 브릭스 마이어스(Isabel B. Myers)가 칼 융의 분석심리학을 근거로 개발한 성격유형 선호 지표이다 (Myers & McCaulley, 1985).

21) MacDonald, M.R., Whitman, J. M., and Whitman, N. F. (2013). *Teaching with Story: Classroom Connections to Storytelling*. August House Inc.

22) 영국 런던 소재 유치원(Gumboots Nursery)의 교사 Ann이 Anthony에 대해 기록한 평가 보고서의 예이다.

23) Denver Test: 유아의 발달 상태를 검사하여 발달상에 이상이 있거나 의심이 가는 아동을 선별해내기 위해 고안한 검사이다. 즉, 발달장애일 가능성이 있는 아동을 조기에 선별하는 것을 목적으로 한다. 소아의 행동 발달평가(덴버 발육선별검사, DDST: Denver Developmental Screening Tests)를 참조할 것. https://en.wikipedia.org/wiki/Denver_Developmental_Screening_Tests

24) 영국 런던 소재 유치원(Gumboots Nursery)의 Julie 교사가 Anthony에 대해 기록한 평가보고서의 예이다.

25) 영국 런던 소재 초등학교(St. Anthony's Catholic Primary School)의 1학년말 보고서의 예이다.

26) 영국 런던 소재 초등학교(St. Anthony's Catholic Primary School)의 2학년말 보고서의 예이다.

27) Brewster, C., Ellis, G. & Girard, D. (1991). *The Primary English Teacher's Guide*. London: Penguin.

28) 각 교과목의 수업 운영방식에 대해서는 박종성(2001). 『더 낮게 더 느리게 더 부드럽게』 '흥미를 유발하는 영국식 교육 (60-66)' 참조.

저자와의
합의하에
인지를
생략합니다.

영어 스토리텔링과 미래교육

지은이 강혜경
펴낸이 조경희
펴낸곳 경문사
펴낸날 2022년 2월 25일 1판 1쇄
등 록 1979년 11월 9일 제1979-000023호

주 소 04057, 서울특별시 마포구 와우산로 174
전 화 (02)332-2004 팩스 (02)336-5193
이메일 kyungmoon@kyungmoon.com

값 7,500원

ISBN 979-11-6073-526-0